Buddy Da Sheiyah Owl

Kshrivva bei
Written by

Reanna Miller

Published
by

Buddy Da Sheiyah Owl

'S voah moll en family mitt owls gvest.

Si henn inna sheiyah gvoond uf en farm.

Buddy the Barn Owl

Drei glenni owls henn in di sheiyah inna nesht gvoond mitt iahra maemm un daett.

Ayns funn di glenni owls hott Buddy kaysa.

Buddy the Barn Owl

Di maemm owl un da daett owl
sinn ganga ess-sach greeya.

Da Buddy hott ksawt,
"Bleivet do! Bleivet do!"

Avvah si henn missa gay.

Buddy the Barn Owl

Da Buddy hott kshteaht uf-n-ab tshumba.

Eah hott nett fleeya kenna un eah is uf da bodda kfalla.

Buddy the Barn Owl

No hott da Buddy en katz ksenna.

Eah hott kshteaht heila.

Eah hott sich kfeicht.

Katza gleicha birdis fressa.

Buddy the Barn Owl

Da Buddy is naus aus
di sheiyah kshprunga.

Eah hott sich fashtekkeld
unnich en hekka putshah.

Buddy the Barn Owl

In da hekka putshah hott eah en volli voahm ksenna.

Da volli voahm voah amma lawb fressa.

Buddy the Barn Owl

Eah hott aw en hummel ksenna
uf en blumm hokka.

Eah hott sich kfeicht funn
da hummel.

Buddy the Barn Owl

Eah is in's hohch veetz gloffa.

No hott eah di katz viddah ksenna.

Di katz is da Buddy nohch gloffa un hott ksawt, "Ich binn hungrich!"

Buddy the Barn Owl

Grawt no is da farmer John raus kumma un hott di katz vekk gyawkt.

Da farmer hott da Buddy kfrohkt, "Bisht du faloahra?"

Eah hott da Buddy uf gepikt un hott een zrikk in's nesht gedu.

Di maemm un da daett owl sinn zrikk kumma mitt en meisli fa's sobbah.

Buddy the Barn Owl

~ The End ~

English Version

*There was once a family of owls.
They lived in a barn on a farm.*

*Three baby owls lived in a nest in th
barn with their mom and dad.
One of the baby owls was called
Buddy.*

*The mom owl and the dad owl went
to get some food.
Buddy said, "Don't go! Don't go!"
But they had to go.*

*Buddy started jumping up and dow
He could not fly so he fell on the
ground.*

Buddy saw a cat.
He started to cry.
He was afraid because cats
like to eat birds.

Buddy ran out of the barn and hid
under a bush.

the bush Buddy saw a caterpillar.
he caterpillar was eating a leave.

He saw a bumblebee
sitting on a flower.
He was afraid of the bumblebee.

He walked into the weeds.
There he saw the cat again.
The cat started to follow Buddy
saying, "I am hungry."

Then farmer John came out of the
barn and scared the cat.
The farmer asked Buddy,
"Are you lost?"

The farmer picked Buddy up and put
him back into the nest.

The mom and dad owl came back
with a mouse for dinner.

Made in the USA
Middletown, DE
21 March 2023

27269079R00020